.pdf
EDICIÓN
DIGITAL

I0791465

EVIA EDICIONES

ES PROPIEDAD DE EDICIONES VISUALES ALBERDI S.A.

BUENOS AIRES, ARGENTINA

www.eviatienda.com

Editorial

Estimadas lectoras:

Esta nueva edición de *Découpage* incorpora como novedad la técnica de sublimación que tan bien armoniza con el découpage; solo basta con elegir diseños de láminas para sublimar que combinen con las servilletas o láminas y se podrán obtener trabajos muy vistosos. Hay que tener que tener en cuenta que las láminas de sublimación imprimen con gran facilidad y definición sobre telas sintéticas, azulejos con imprimación especial, o mdf laminado, aunque esta técnica también puede realizarse sobre telas de algodón, mdf pintado, etc. La dificultad es que los colores se verán muy suaves; en esta edición veran algunos trabajos realizados de esta forma donde lo que se buscó es que funcionen como suaves fondos. En todos los casos la plancha no debe ser con vapor y la temperatura deberá estar bien alta. Es importante fijar siempre la lámina al soporte para que el estampado tenga precisión.

Les damos algunos tips para tener en cuenta siempre que realicen esta técnica:

▶ si van a pegar servilletas sobre fibrofácil, telgopor, papel, yeso, corcho, etc., el pegamento adecuado es mod podge.

▶ si en cambio van a usar láminas para découpage, hay que usar adhesivo multipropósito.

▶ si desean adherir servilletas sobre telas de algodón previamente lavadas, usar découpage textil.

▶ si van a pegar sobre soportes lisos y difíciles como vidrio o loza esmaltada, usar barniz vitrificable.

SILVANA DI BELLA

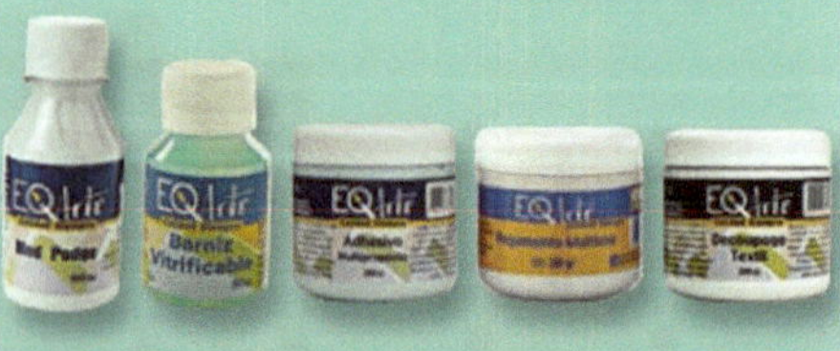

Sumario

Susana Zeroki
Profesora de
pintura decorativa
Tel.: 15-3243-3694
susanazeroki@hotmail.com
Susana Zeroki taller

Pamela Riveiro
Diseño Creativo
Tel.: 15-6951-0082
pamela_riveiro@hotmail.com
Pamela Riveiro diseño
Creativo

Vanina Cabai
Taller de intervención de muebles
y técnicas decorativas
Tel.: 15-3266-8539
holatoc@gmail.com
toctaller

Lala Castro
Taller de arte decorativo
lalacastro@hotmail.com.ar

Estilo romántico

1. Pintar con base blanca, sin lijar antes, toda la repisa de fibrofácil. Dejar secar.

2. Pincelar con base chocolate solo los cantos y bordes de la repisa. Dejar secar. Pasar la cera en pasta con un trapo de algodón únicamente sobre la base chocolate.

3. Aplicar base acrílica rosa romántico sobre toda la repisa. La primera mano puede resbalar por la cera; seguir adelante. La segunda mano cubrirá toda la superficie. Dejar secar bien.

Materiales

- Repisa de fibrofácil
- Láminas para découpage
- Adhesivo multipropósito
- Pegamento multiuso
- Cúter
- Tijera
- Carbónico amarillo
- Pinceles: chato Nº 12, angular Nº 8 y pinceleta
- Bases acrílicas: blanco, chocolate y rosa romántico
- Acrílico: tierra de sombra tostada
- Pintura para pizarrón negro
- Cera en pasta
- Lija al agua Nº 100
- Cartón gris de 1mm de espesor
- Barniz al agua
- Placa de chapa galvanizada cortada a la medida necesaria
- Trapos de algodón
- Tornillo autoperforante
- Martillo
- Ganchitos en L para colgar

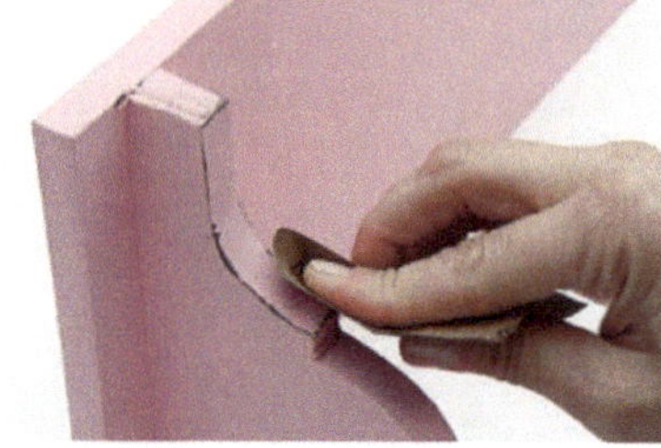

4. Una vez que esté bien seco, lijar los cantos y bordes de la repisa, donde anteriormente colocamos la cera.

5. Apoyar el carbónico amarillo sobre la ménsula de la repisa. Poner la lámina encima del carbónico y remarcar con el dedo la forma de la ménsula. (Quedará el papel marcado con el carbónico amarillo listo para cortar.)

6. Si es necesario, remarcarlo con un lápiz para verlo mejor. Cortar la forma de la ménsula utilizando la tijera.

7. Pincelar el reverso de la lámina con adhesivo multipropósito, apoyar el papel con el adhesivo sobre la ménsula, haciendo coincidir los bordes y acariciar con la mano para que termine de adherir. Repetir en el otro costado.

8. Cortar la lámina elegida en tiras.

9. Pincelar con adhesivo multipropósito y pegarla sobre el centro del estante, alisar la lámina para mejorar la adherencia y evitar arrugas.

10. Repetir el paso y realizar uniones con las tiras hasta alcanzar el largo del estante.

11. Recortar láminas con flores o imágenes y pegarlas de la misma manera, donde quedaron las uniones de las tiras

12. Pintar con dos manos de pintura negra para pizarrón, la chapa galvanizada. Esto dará como resultado un pizarrón imantado, para escribir y también, pegar imanes.

13. Pegar en el reverso de la repisa con pegamento multiuso, el pizarrón debe quedar mirando para adelante. Dejar secar muy bien.

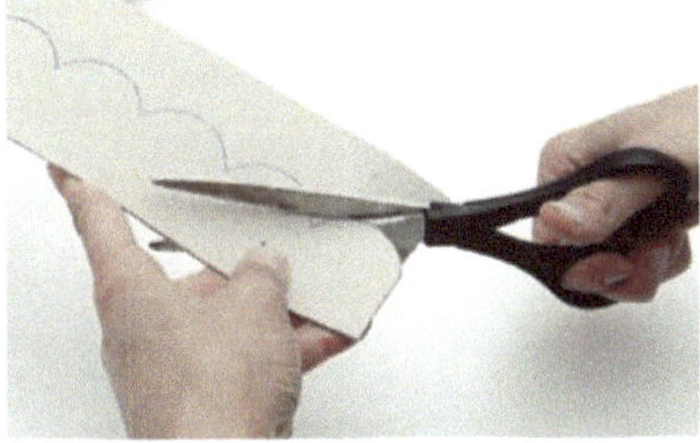

14. Dibujar una guarda sobre cartón de 1 mm de espesor como máximo y cortar.

15. Pincelar el cartón con adhesivo multipropósito, dejar orear unos minutos y pegar la lámina sobre el mismo.

16. Cortar con un cúter el excedente de papel, siguiendo la forma ondeada de la guarda.

17. Pincelar con abundante pegamento multiuso sobre alguno de los cantos de la repisa y apoyar el cartón con la lámina.

18. Hacer presión para que adhiera y dejarlo secar un largo tiempo, si es posible, con peso encima.

19. Con un trapo, aplicar cera en pasta sobre la superficie pintada de rosa romántico.

20. Mojar el trapo en una gota de acrílico tierra de sombra tostada y esparcirla suavemente sobre la cera; así a toda la superficie, para darle una pátina envejecida al trabajo.

21. Aplicar barniz al agua en todo el trabajo. Clavar apenas un tornillo autoperforante para marcar el punto donde se colocarán los ganchitos. Luego quitar. Enroscar los ganchitos en L para colgar cosas.

REALIZACIÓN: LALA CASTRO
Técnica: découpage, collage y
decapado

Flores distintas y bien
dispuestas, acompañan el
contenido de esta caja de té.

Aromas y sabores

1. Pintar la tapa de la caja con acrílico negro y transferir el diseño del ramo.

2. Cortar el papel estampado con tijera, separando cada cuadradito.

3. Transferir el diseño de cada modelo de flores.

Materiales

- Caja de té de fibrofácil
- Acrílicos decorativos: negro, siena natural y gris
- Carbónico blanco
- Tijera
- Lápiz
- Pegamento multipropósito
- Láminas para découpage
- Pinceles: liner y chato N° 10
- Pinceleta de 2"
- Barniz mate

4. Recortar el diseño de la flor.

5. Colocar pegamento multipropósito en cada diseño y pegar los recortes.

6. Pintar los tallos y los zarcillos con siena natural y el pincel liner.

7. Pintar la base de la caja con acrílico gris; dar dos manos y dejar secar. Con el pincel liner, realizar una línea zigzagueante con acrílico negro a punto tinta.

8. Con el cabo del pincel y acrílico siena natural, pintar los puntitos que acomañan el zarcillo con una carga de color. A medida que se queda sin color, ir achicando los puntos.

9. Pegar hojas de papel estampado, alternando los diseños de los papelitos.

10. Proteger toda la caja con barniz mate.

Diseño para transferir

Para decorar con la misma técnica...

Cuadro y caja

Combinando papeles también se puede generar símil mosaico, que se puede usar para decorar objetos o hacer un cuadro como el que aquí presentamos. En esta oportunidad, se agrega vidrio líquido para dar efecto mosaico con alto brillo y dureza.

REALIZACIÓN: VANINA CABAI
Técnica: découpage, craquelado
y pintura para pizarrón

Platos de sitio fáciles de
realizar, que combinan
diferentes materiales.

Muy decorativo

1. Pintar todo el plato de fibrofácil con base acrílica blanca. Dejar secar.

2. Pintar con base roja todos los cantos internos y externos del plato. Dejar secar.

3. Con un trapo de algodón, pasar cera en todos los cantos pintados de rojo.

Materiales

- Platos de sitio de madera
- Base acrílica: blanco, blanco antiguo y rojo
- Acrílico: tierra de sombra tostada
- Servilletas
- Tijera
- Mod podge
- Nylon
- Pinceles: chato N° 10 y N° 6, angular N° 8
- Trapos de algodón
- Cera en pasta
- Barniz al agua natural
- Lija N° 150
- Compás

4. Pintar con base acrílica blanco antiguo todo el plato, dejar secar y volver a dar otra mano hasta cubrir todo. Dejar secar muy bien.

5. Decapar los bordes utilizando una lija N° 150 para generar un efecto gastado.

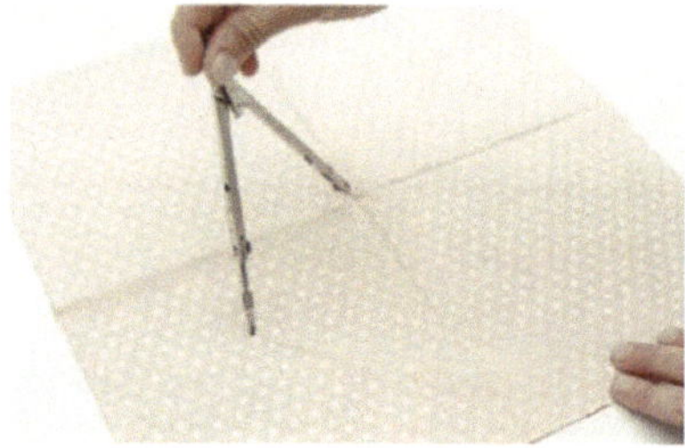

6. Con un compás, hacer un círculo del tamaño interno del plato sobre el reverso de la servilleta.

7. Cortar el círculo. Quitar los papeles de atrás de la servilleta.

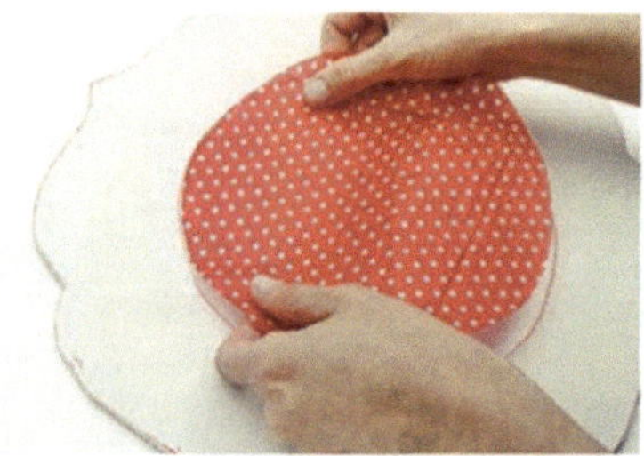

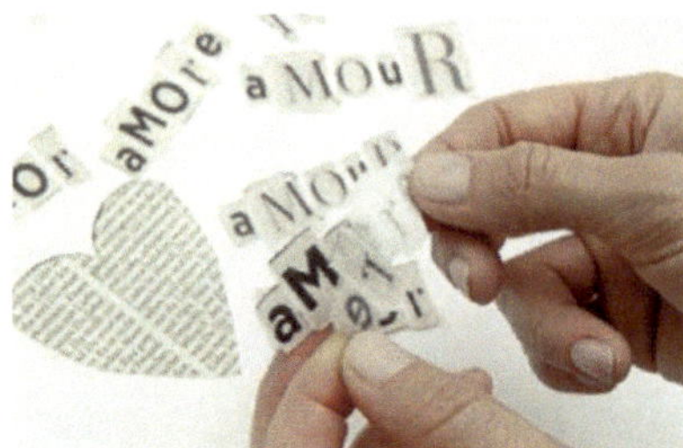

8. Pincelar con mod podge la superficie a pegar. Ubicar y apoyar el círculo de papel sobre el pegamento.

9. Con la ayuda de un nylon, alisar la superficie de la servilleta hasta quitar todas las arrugas.

10. Recortar la segunda servilleta con palabras. Quitar los papeles del revés.

11. Aplicar mod podge en el borde del plato, exclusivamente donde se apoyará cada palabra.

12. Apoyar la palabra y pincelar con el mismo pincel. Repetir estos pasos con todas las palabras.

13. Una vez seco, dibujar un círculo más chico sobre la servilleta adherida.

14. Pintar con dos manos de acrílico blanco hasta que cubra perfectamente.

15. Pincelar el centro del círculo ya seco con mod podge.

16. Apoyar la servilleta y pincelar por encima de la misma con el pincel descargado.

17. Realizar un flotado utilizando un pincel angular y acrílico tierra de sombra tostada.

18. Proteger todo el trabajo con barniz al agua transparente.

Para decorar con la misma técnica...

También se puede pintar la parte externa con pintura para pizarrón negro y escribir con tiza. Otra opción es craquelar la parte externa, pintando con base blanca y craquelador de un componente; luego, acrílico base roja por arriba.
Si la servilleta no tiene una imagen como el corazón del proyecto, podemos dibujar y cortar una imagen para aplicar en el círculo, como una estrella o cualquier figura simple.

REALIZACIÓN: LALA CASTRO
Técnica: découpage, esténcil y
decapado

Mariposa con distintos
animales, fibrofácil y tachas,
denotan una personalidad
muy definida.

Estilo safari

1. Pasar parafina sobre la base de la bandeja, especialmente en los costados.

2. Mezclar acrílico amarillo Nápoles y blanco, en partes iguales; pintar toda la bandeja. Dar como mínimo dos manos y dejar secar.

3. Lijar para decapar las partes elegidas. (Esto aplica especialmente para las zonas en que no se pegará la mariposa).

Materiales

- Bandeja de fibrofácil
- Parafina
- Acrílicos: amarillo Nápoles, blanco titanio, negro y sombra tostada
- Pegamento multipropósito
- Lámina para découpage
- Tijera y lápiz
- Carbónico
- Pinceles: angular N° 12 y taponador
- Pinceleta de 2"
- Cinta de enmascarar
- Esténcil de números
- Lija N° 150
- Tachas grandes
- Martillo
- Barniz semimate

4. Del lado del revés de la lámina para découpage, transferir con carbónico un solo lado de la mariposa.

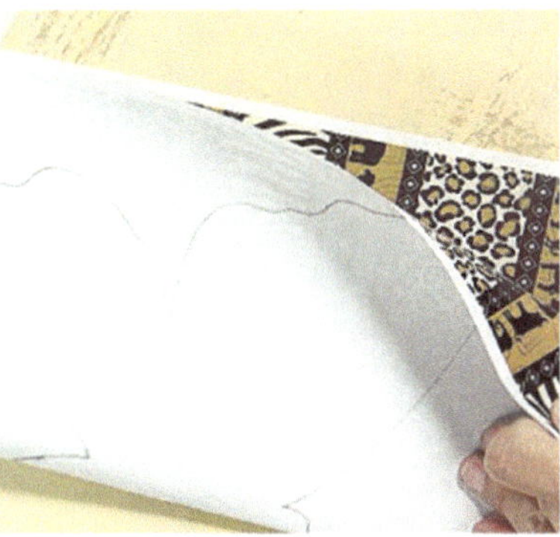

5. Plegar el papel a la mitad, otorgando simetría al corte.

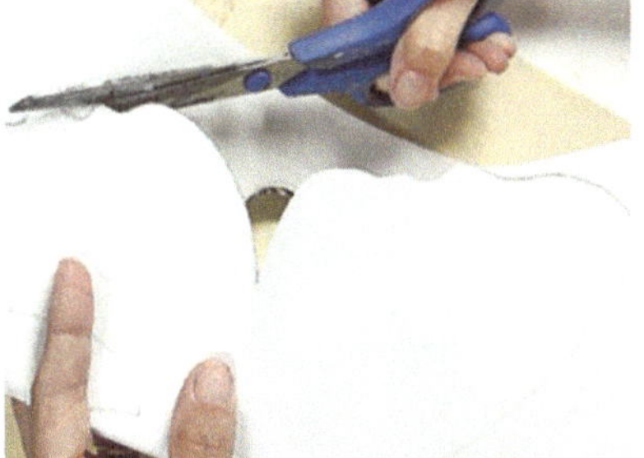

6. Cortar la mariposa siguiendo el contorno del dibujo.

7. Apoyar el recorte sobre la bandeja y marcar su contorno.

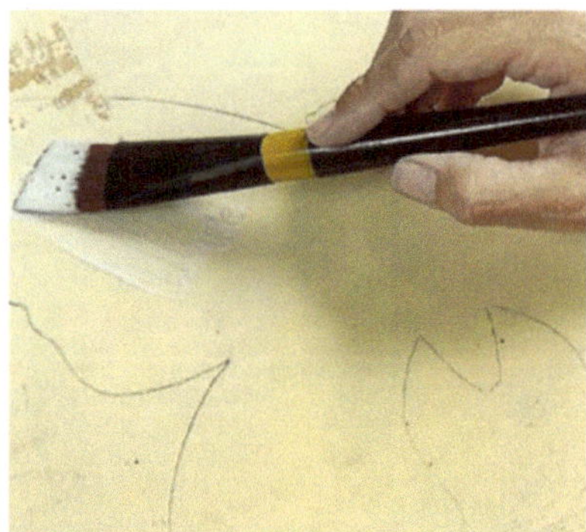

8. Colocar pegamento multiuso y adherir el papel.

9. Asegurar muy bien los bordes.

10. Con el pincel taponador con acrílico negro y el esténcil, estampar números en los costados de la mariposa.

11. Encintar todo el contorno de la bandeja y pintar líneas con sombra tostada. Retirar la cinta.

12. Por último, colocar las tachas para darle terminación al trabajo.

13. Para barnizar la bandeja, utilizar barniz semimate puro y dar de 3 a 4 capas muy delgadas.

Diseño para transferir

REALIZACIÓN: SUSANA ZEROKI
Técnica: découpage, pintura plana y
sublimación sobre prendas
Souvenir de cumpleaños
multicolor. Cómo componer
un diseño partiendo de una
lámina y poder utilizar vidrio
líquido sin contención.
¡Lechucitas presentes!

1. Pintar la caja con la mezcla en partes iguales de acrílico magenta y blanco antiguo, dar dos manos dejando secar entre mano y mano y suavizar la superficie con lija fina.

2. Para pintar la tapa, mezclar acrílico verde Eq más amarillo pastel, usar el pincel plano de fibra sintética N° 20.

3. Ampliar el diseño de las flores de la lámina y transferir.

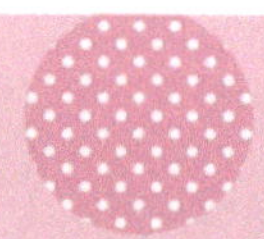

4. Con acrílico blanco de titanio a punto tinta y un pincel liner, pintar las flores de fondo.

5. Con un pincel lengua de gato y acrílico verde palta, pintar los pétalos de una de las flores.

6. Con acrílico rosado, pintar el centro.

7. Para completar el centro, mezclar acrílico tierra de sombra natural con blanco de titanio y pintar con un pincel redondo.

8. Delinear el centro de la flor con acrílico blanco de titanio diluido a punto tinta.

9. Con la mezcla de acrílico sombra natural más blanco de titanio, pintar la otra flor.

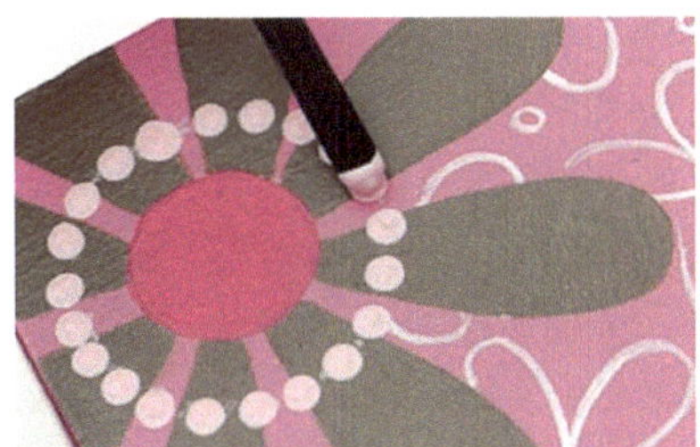

10. Pintar el centro con acrílico magenta; completar con puntos con acrílico rosado.

11. Recortar los motivos de búhos de la lámina con tijera.

12. Pasar adhesivo multipropósito sobre la tapa y dejar orear unos minutos hasta que el adhesivo esté a punto mordiente.

13. Ubicar y pegar el recorte de la lámina.

14. Alisar la superficie con un nylon.

15. Proteger toda la pieza con barniz de terminación satinado. Luego, preparar el vidrio líquido en un recipiente descartable y verter en el centro de la tapa.

16. Con una cuchara extender el vidrio hasta los bordes de la lámina, llegando con poca cantidad de producto.

Diseño para transferir

REALIZACIÓN: SUSANA ZEROKI
Técnica: découpage, collage y
decapado
Transformá un portarretrato
en un original perchero
para la cocina. Un proyecto
que te permite jugar con las
combinaciones y las texturas
que más te gusten.
Fotografía natural

- Portarretrato triple
- 3 recortes de fibrofácil
- Bases acrílicas: blanco y verde lima
- Acrílicos: verde Venecia, rojo carmesí, naranja, amarillo pastel, chocolate y tierra de sombra tostada
- Láminas para découpage
- Servilletas de diferentes diseños
- Sellos flexibles
- Adhesivo multipropósito
- Mod podge
- Pinceles: redondo N° 1, angular N° 8 , chato N° 20
- Papel carbónico, lápiz, cúter y tijera
- Regla metálica y plantilla de círculos
- Lija fina y vela
- Espátula y pinza
- Tiradores de cerámica

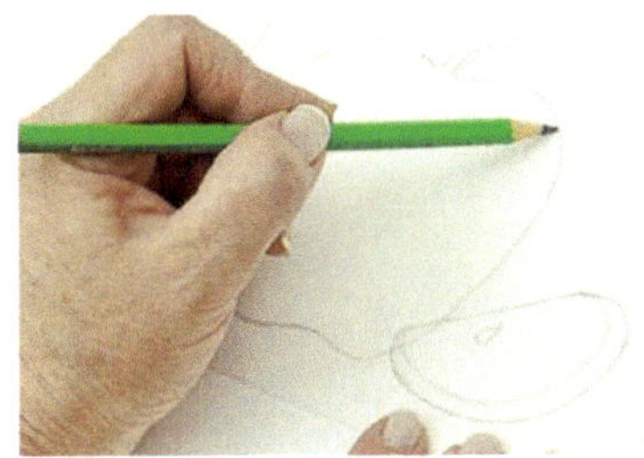

1. Pintar los tres recortes de fibrofácil con base acrílica blanca; dejar secar y suavizar la superficie con lija fina. Transferir el diseño.

2. Cargar el sello flexible con acrílico tierra de sombra tostada y sellar la superficie; dejar secar.

3. Diluir acrílico verde Venecia y realizar una aguada en los márgenes; dejar secar.

4. Marcar con lápiz los círculos y recortar. Luego cortar los círculos por la mitad.

5. Pasar mod podge sobre la superficie, ubicar y pegar los semicírculos en los costados de cada rectángulo. Alisar con un nylon y volver a pasar mod podge.

6. Rasgar con los dedos las diferentes servilletas que formarán la textura de cada fruta. Retirar los papeles no impresos.

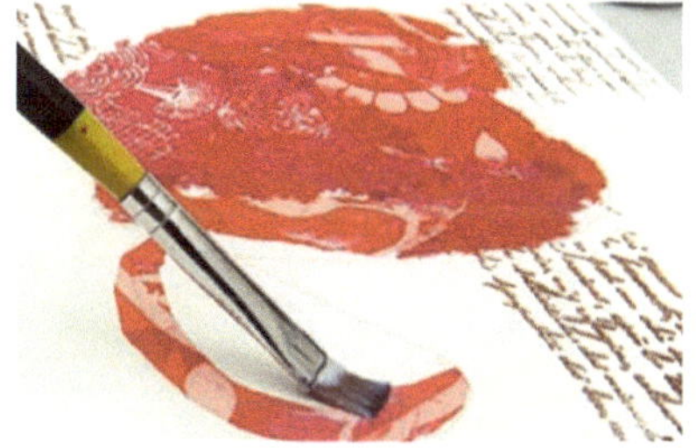

7. Pasar mod podge sobre la superficie y pegar los recortes de servilletas hasta completar el diseño.

8. Recortar la hoja; ubicar y pegar.

9. Marcar y recortar de la lámina de texto, la pulpa de la fruta, pasar mod podge y pegar.

10. Alisar la superficie con un nylon y pasar mod podge nuevamente. Proceder de la misma forma con la pera y la naranja.

11. Con acrílico rojo carmesí, realizar un flotado en todo el contorno.

12. Con acrílico amarillo pastel, flotar la pulpa de la fruta. Con acrílico naranja, flotar el contorno de la naranja.

13. Para la pera, utilizar acrílico verde Venecia. Pintar los tallos y las semillas con acrílico chocolate. Dejar secar.

14. Dar una base con acrílico chocolate; dejar secar y luego pasar vela en algunos sectores (algunos marcos ya vienen pintados, como el de la foto).

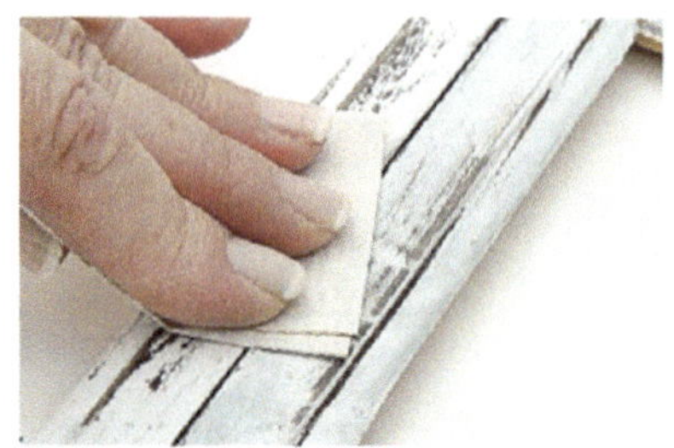

15. Pintar con base acrílica blanca y dejar secar. Lijar hasta lograr el efecto decapado.

16. Recortar varias tiras de la lámina teniendo en cuenta la medida del portarretrato.

17. Pasar adhesivo multipropósito y dejar orear unos minutos. Ubicar y pegar los recortes. Alisar la superficie con un nylon.

18. Con base lima y una espátula, pintar algunos sectores. Proteger toda la superficie con barniz y diluyente mate.

19. Pegar los recortes de fibrofácil al marco con adhesivo multiuso y colocar los tiradores.

Diseño para transferir

REALIZACIÓN: VANINA CABAI
Técnica: découpage, venecitas y
pintura para pizarrón
Una idea muy de moda para
lucir macetas bien modernas.
Verde esmeralda

1. Macetero: pintar toda la caja con laca color miel. Dejar secar.

2. Cortar ambas servilletas. Quitar los papeles del revés hasta dejar solo el del frente.

3. Pincelar la zona a pegar con mod podge. Apoyar la letra sobre el pegamento y pincelar sobre la servilleta con el pincel casi sin pegamento.

Cajas de madera maciza

Servilletas para découpage

Laca al agua color miel y transparente

Acrílicos: amarillo de cadmio, amarillo pastel, negro y azul cobalto

Base acrílica blanca

Tijera y cúter

Mod podge

Barniz al agua

Pegamento multiuso

Lija Nº 80 y lija gastada

Nylon, lápiz y regla

Venecitas verde pastel y esmeralda

Macetas

Pastina

4. Repetir los pasos para las letras siguientes, inclinando la posición y ubicación de las mismas para que no queden en línea recta.

5. Una vez seco, desgastar con lija los contornos de la servilleta.

6. Quitar los papeles blancos a la servilleta de flores. Volver a repetir el procedimiento pincelando con mod podge. Apoyar la servilleta y pincelar por encima.

7. Con el mismo pincel ir copiando la forma de la caja, doblando la servilleta en ángulo recto.

8. Pincelar también el interior de la caja con mod podge. Apoyar la servilleta sobre el pegamento. Pincelar por encima con un pincel chato. Con la ayuda de un nylon, emparejar la superficie y quitar las arrugas.

9. Quitar los excedentes de servilleta una vez que esté bien seco, ayudándose con una lija gastada para que no lastime el papel.

10. Repetir los pasos para la parte externa de la caja: colocar previamente el mod podge y apoyar la servilleta por encima. Copiar todas las formas de la caja con la ayuda del pincel embebido en mod podge. Proteger todo con barniz al agua.

Identificador de plantas: sobre un cartón grueso y con un esténcil de etiquetas, esponjear con pintura para pizarrón, dejar secar y recortarlas. Colocar pegamento multiuso en la parte posterior; pegarle un palito y dejar secar.

1. Maceta: pintar las macetas de barro con base acrílica blanca hasta cubrir.

2. Realizar un cuadrado con un lápiz sobre la servilleta, aprovechando el marco de la misma.

3. Recortar la servilleta. Quitarle los papeles blancos de atrás. Pincelar con mod podge sobre la superficie a adherir y ubicar el recorte.

4. Alisar con un nylon para quitar las posibles arrugas.

5. Agregar los bordes del recuadro que faltan y pincelar con mod podge.

6. En las uniones, colocar una mariposa superpuesta repitiendo los pasos anteriores. Continuar el diseño con servilleta alrededor de la maceta.

7. Utilizando un poco de acrílico negro, apenas rebajado con una gota de blanco, pintar las antenas de las mariposas con el pincel liner.

8. Con acrílico y el pincel seco, retocar los colores de las mariposas para que sean más vivos. Donde hay amarillo fuerte, colocar amarillo de cadmio y sobre el amarillo claro, amarillo pastel.

9. Cortar el papel de las venecitas con un cúter.

10. Colocar abundante pegamento multiuso sobre el borde de la maceta. Apoyar la tira de venecitas y dejar secar hasta que adhiera.

11. Repetir la operación hasta dar la vuelta a la circunferencia de la maceta. Intercalar alguna venecita de otro color.

12. Rellenar con pastina los espacios entre venecitas.

13. Proteger toda la maceta con laca al agua transparente.

REALIZACIÓN: SUSANA ZEROKI
Técnica: découpage, sublimación
y pintura decorativa

Cómo transformar
un marco de fibrofácil en
una bandeja estilo romántico;
realizar un fondo elaborado en 5
minutos con sublimación y crear
un diseño propio, combinando
diferentes técnicas.

Muy campestre

Marco y placa de fibrofácil de 30 cm x 40 cm
2 manijas de hierro
Base acrílica blanca
Acrílicos: violeta pastel, verde palta, verde cromo oscuro, blanco, amarillo de cadmio, chocolate y magenta primario
Glazing
Lámina de sublimación
Servilletas
Mod podge
Barniz de terminación mate
Adhesivo multiuso
Pinceles: lengua de gato N° 4, mop N° 6, liner 5/0, angular N° 10, chato N° 4 y N° 20
Lija fina y nylon
Cinta de enmascarar y papel blanco
Lápiz, papel carbónico y tijera
Destornillador
Espátula
Plancha (sin vapor)

1. Con base acrílica blanca, pintar el marco y la placa de fibrofácil, utilizando un pincel chato N° 20; dejar secar y suavizar con lija fina.

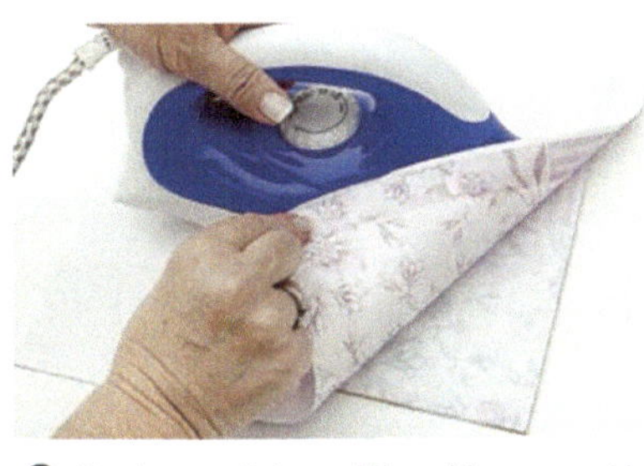

2. Con la superficie a sublimar bien seca, ubicar el derecho de la lámina para tal fin sobre la placa y sujetar con cinta de enmascarar. Aplicar calor con la plancha, comenzando con una temperatura media e ir aumentándola.

3. Una vez que la placa se haya enfriado, transferir el diseño. El fondeo se verá muy suave ya que la transferencia se realiza directo sobre la pintura.

4. Dar una base plena a las flores con acrílico violeta pastel, utilizando un pincel lengua de gato N° 4. Pintar las hojas con acrílico verde palta y dejar secar.

5. Pasar una capa muy delgada y uniforme de glazing a las flores; pintar las sombras con acrílico magenta permanente, ubicar el color y esfumar con un pincel mop. Pintar las luces con acrílico blanco. Dejar secar.

6. Pintar los tallos con acrílico verde palta y verde de cromo oscuro.

7. Ubicar en el centro de la flor, acrílico amarillo de cadmio; esfumar y, con magenta primario diluido a punto tinta, pintar los detalles.

8. Pasar una capa muy delgada de glazing y pintar las sombras de las hojas con la mezcla de acrílico verde cromo oscuro y chocolate. Para las luces, utilizar amarillo de cadmio y blanco. Ubicar los valores y esfumar con pincel mop.

9. Con un pincel liner y las mezclas anteriores, pintar las nervaduras.

10. Con acrílico violeta pastel, flotar todo el contorno de la etiqueta.

11. Con acrílico verde palta, diluido a punto tinta y un pincel liner, delinear todo el contorno.

12. Escribir la palabra con el mismo pincel.

13. Recortar las mariposas de la servilleta y retirar los papeles no impresos.

14. Pasar mod podge sobre la superficie. Luego, ubicar y pegar el recorte de servilleta.

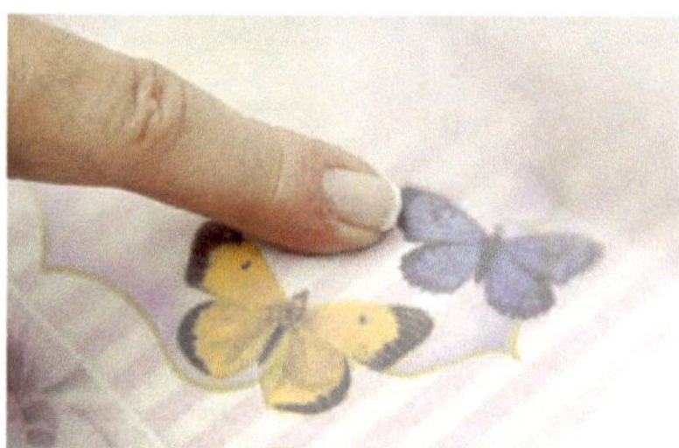

15. Alisar la superficie con nylon y pasar nuevamente mod podge; dejar secar.

16. Marco: retirar de las servilletas las guardas. Quitar los papeles no impresos.

17. Pasar mod podge sobre la superficie. Ubicar y pegar el recorte de servilleta. Alisar la superficie con nylon, para evitar que se formen arrugas.

18. Retirar el excedente de servilleta con una lija fina y dejar secar.

19. Aplicar base acrílica blanca con espátula en algunos sectores.

20. Pegar el marco a la placa con adhesivo multiuso y colocar las manijas.

21. Proteger toda la pieza con dos manos de barniz de terminación mate.

Diseño para transferir

Para decorar con la misma técnica...

Portavelas

1. Pintar un listón de madera con base acrílica blanca, dejar secar y realizar el découpage.
2. Proteger con barniz.
3. Pegar solamente los portavelas.
4. Decorar los frascos con una guarda al crochet o con puntilla; evitar pegarlos para que sea más fácil cambiar el agua.

Desafío rodante

1. Pintar con base color manteca. Dejar secar.

2. Recortar un rectángulo de la servilleta, unos 2 cm más ancho que el listón. Retirar los papeles del revés.

3. Aplicar mod podge con ayuda de un pincel de cerda suave sobre el listón.

Materiales

- Cajón de fibrofácil estilo de verdura
- Base acrílica manteca y turquesa
- Acrílicos chocolate y verde cromo
- Servilleta para decoupage
- Mod podge
- Barniz al agua
- Pincel chato N° 12
- Tijera
- Nylon
- Lija
- Vela
- Lámina para sublimar
- Plancha
- Base de fibrofácil de la medida del cajón
- Goma espuma de la medida del cajón
- Base de madera de la medida del cajón
- Pegamento multiuso
- Engrampadora
- Un retazo de lienzo grueso
- Ruedas

4. Ubicar la servilleta con cuidado.

5. Colocar un nylon y presionar para que se adhieran bien. Aplicar una capa de mod podge para fijar y proteger el découpage. Repetir hasta completar todo el listón. Dejar secar.

6. Con ayuda de una lija, retirar los excedentes de servilleta.

7. Pintar con un pincel chato y acrílico color chocolate todo el listón. Dejar secar.

8. Pasar la vela por toda la superficie del listón.

9. Pintar todo el marco con base acrílica color turquesa y mezcla de manteca y acrílico verde cromo. Dejar secar.

  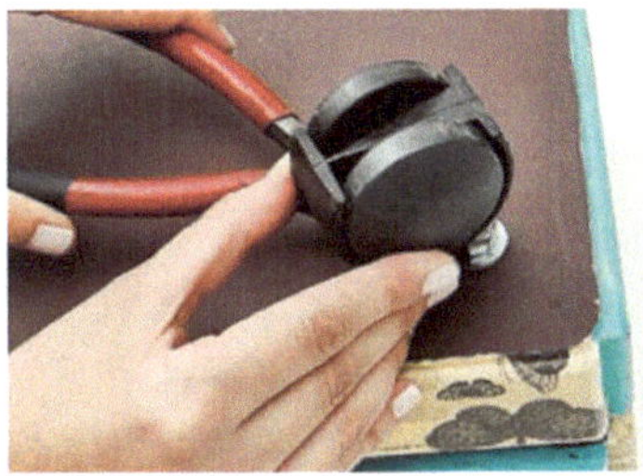

10. Pasar una lija por el listón hasta que se deje ver el color chocolate de fondo.

11. Pintar el interior del cajón con acrílico chocolate y turquesa. Dejar secar y barnizar el cajón para protegerlo.

12. Instalar las cuatro ruedas en el cajón con ayuda de una pinza.

 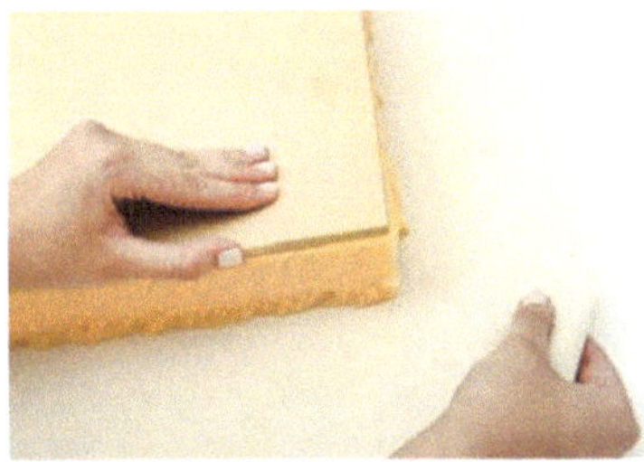 

13. Ubicar la lámina de sublimación sobre el lienzo y presionar con la plancha hasta que se adhiera bien. La sublimación se verá muy suave, para lograr mayor intensidad es necesario usar telas sintéticas.

14. Poner la tela sublimada con el dibujo hacia abajo, la goma espuma y la base de fibrofácil.

15. Doblar el borde de la tela hacia adentro y engrampar para que quede tirante.

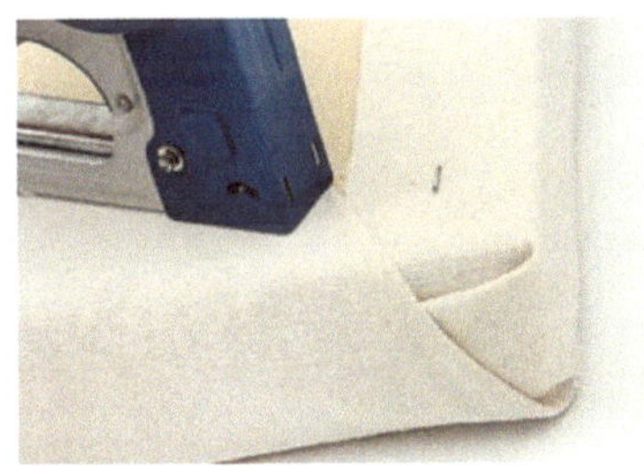 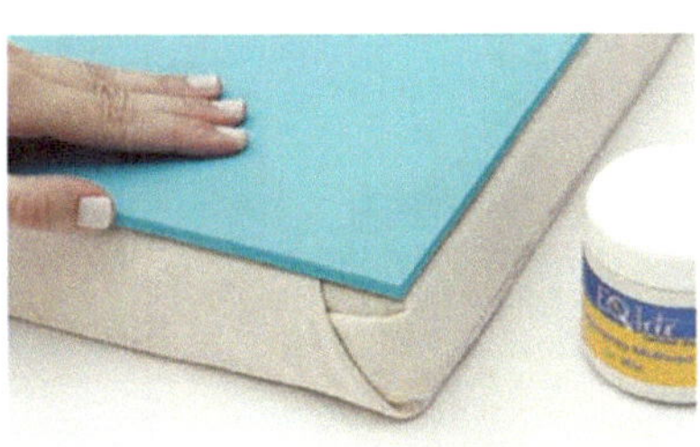

16. Realizar pliegues para que los bordes queden prolijos y engrampar.

17. Para dar mejor terminación, adherir con pegamento multiuso una base de madera pintada con base turquesa, y así ocultar el engrampado.

Para decorar con la misma técnica...

Cuadros
Para completar el trabajo, se pueden hacer unos cuadros con los mismos colores y técnicas, y aplicar mariposas en découpage 3d.

1. Para realizar las mariposas se debe estirar la porcelana fría aproximadamente a 2 mm.
2. Siguiendo la técnica, realizar el découpage.
3. Dejar orear y, con tijera, recortar las siluetas. Dejar secar.

REALIZACIÓN: PAMELA RIVEIRO
Técnica: imitación óxido y
sublimación sobre fondo
Cuadro fácil y rápido de
realizar, estilo vintage con
imitación de óxido.
Verde estelar

Bastidor de fibrofácil
Bases acrílicas hierba y manteca
Acrílicos: chocolate, sombra tostada, bordó, amarillo de cadmio, blanco y verde talo
Lápiz y papel carbónico
Láminas para découpage
Lámina para sublimar
Plancha
Mod podge
Barniz al agua
Pinceles: chato N° 12, liner y pinceleta
Sello flexible de mariposa
Bandejas de telgopor
Tijera, lija y nylon
Arena
Pasta de modelar

1. Pintar el bastidor con mezcla de base acrílica manteca y hierba, utilizando pincel chato. Dejar secar.

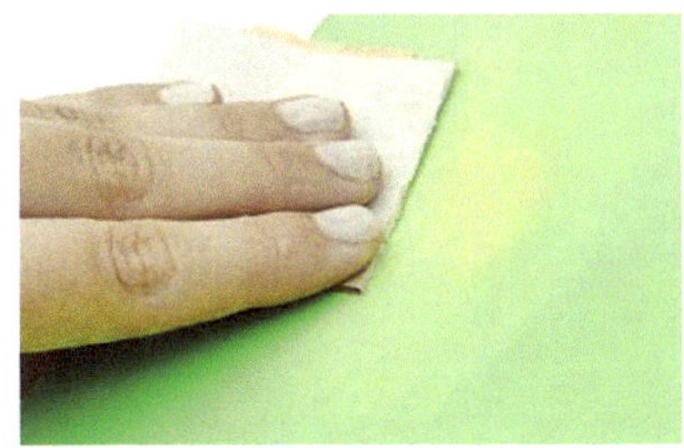

2. Lijar en algunos sectores del bastidor, para crear un efecto desgastado.

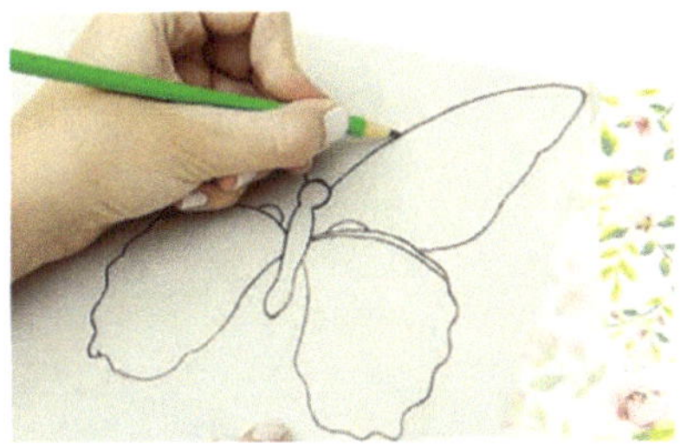

3. Ubicar sobre la lámina para découpage un papel carbónico y el diseño para transferir.

4. Recortar la silueta de la mariposa.

5. Aplicar mod podge con la pinceleta de forma pareja donde se ubicará la mariposa.

6. Ubicar la mariposa, colocar un nylon y presionar para que se adhiera bien.

7. Mezclar con ayuda de una espátula arena con pasta de modelar.
8. Aplicarla en diferentes zonas del borde del bastidor y en el cuerpo de la mariposa. Dejar secar.
9. Flotar con sombra tostada las alas de la mariposa.
10. Con acrílico chocolate delinear las alas.
11. Donde colocamos la pasta con arena, pintar con acrílico chocolate, amarillo de cadmio y bordó, ponceando con el pincel.
12. Luego, pintar con la técnica de pincel seco, base blanca con acrílico verde talo.

13. Etiqueta: dar una mano de base acrílica blanca y dejar secar.

14. Aplicar una mano de mod podge. Ubicar la lámina vintage.

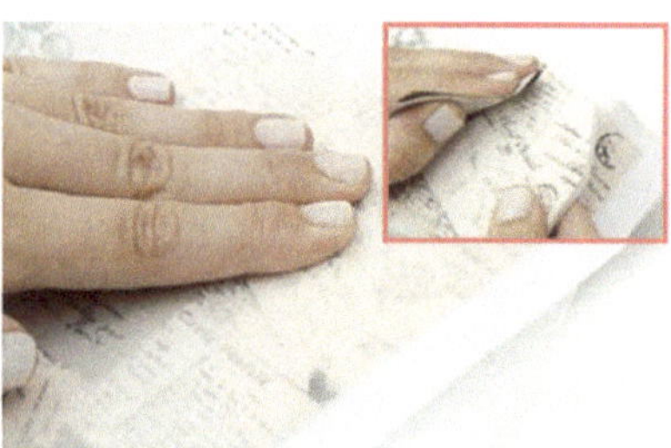

15. Colocar un nylon y presionar para que se adhiera bien. Lijar en los bordes para retirar los excedentes de papel.

16. Pintar con acrílico chocolate un ojalillo. Pegar el ojalillo en la parte de la etiqueta donde tiene el hueco para colgar.

17. Pintar en el centro con la mezcla del fondo.

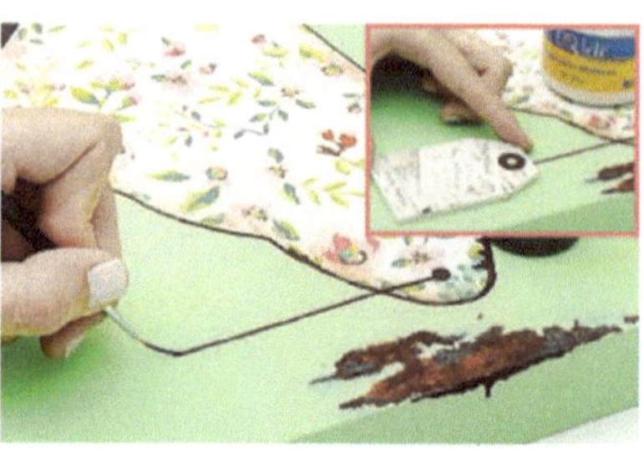

18. Con un pincel liner y acrílico chocolate, delinear el hilo de donde cuelga la etiqueta. Pegar la etiqueta con adhesivo multiuso.

19. Recortar una mariposa de la lámina para sublimar. Ubicarla en el fondo y planchar para transferirla. Como el fondo está pintado, la transferencia apenas se verá y nos sirve para usar como fondo.

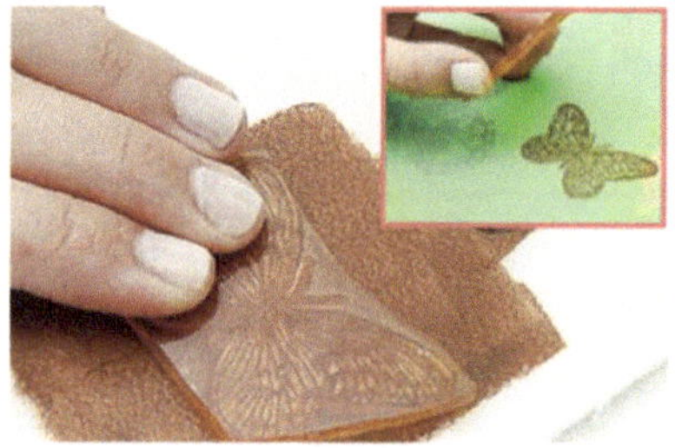

20. Pintar sobre una bandeja de telgopor con acrílico sombra tostada. Presionar el sello para que se cargue de pintura. Ubicarlo sobre el fondo y presionar firmemente para transferir el diseño. Luego, levantar con cuidado el sello para evitar manchas.

21. Aplicar barniz mate con un pincel de cerda suave sobre todo el trabajo. Dejar secar.

Diseño para transferir